La misa para los niños que van a recibir a Jesús eucaristía

Congreso Eucarístico Diocesano | Toledo 2024

+ FRANCISCO CERRO CHAVES
Arzobispo de Toledo,
Primado de España

AF193462

© 2024, Francisco Cerro Chaves, Arzobispo de Toledo. Primado de España
© 2024, PPC, Editorial y Distribuidora, S.A.

Parque Empresarial Prado del Espino
Impresores, 2
28660 Boadilla del Monte (Madrid)
ppcedit@ppc-editorial.com
www.ppc-editorial.es

ISBN: 978-84-288-4168-9

Depósito legal: M-11794-2024
Impreso en España/ Printed in Spain

Queda prohibida, salvo excepción prevista en la Ley, cualquier forma de reproducción, distribución, comunicación pública y transformación de esta obra sin contar con la autorización de los titulares de su propiedad intelectual. La infracción de los derechos de difusión de la obra puede ser constitutiva de delito contra la propiedad intelectual (arts. 270 y ss. Código Penal). El Centro Español de Derechos Reprográficos vela por el respeto de los citados derechos.

CARTA DEL ARZOBISPO

Queridos niños:

He preparado este material para vosotros y especialmente para los que cada año recibáis a Jesús eucaristía por primera vez.

Es un material con varias partes: para seguir la misa, catequesis, oraciones, y adoraciones, vidas de santos, curiosidades... es muy valioso. Dios quiera que os haga iniciaros, descubrir y crecer en el valor de la misa.

Cada eucaristía que se celebra es la mayor acción de amor. Porque vivimos la muerte y resurrección de Jesús. Él está vivo. Nunca estamos solos ante el misterio de la eucaristía.

Deseo que los niños y niñas de mi diócesis puedan vivir, celebrar y adorar la misa de un modo nuevo. Para esto vamos a celebrar un Congreso diocesano eucarístico. La eucaristía transforma la humanidad y nos hace crecer bien. Rezad por la paz en el mundo.

+ Francisco Cerro Chaves
Arzobispo de Toledo
Primado de España

PRESENTACIÓN

Ponemos a disposición de las parroquias este material cuyos textos ha preparado don Francisco, nuestro arzobispo. Es para la preparación especialmente de los niños que van a recibir a Jesús en la eucaristía.

La eucaristía es un momento de la Iniciación cristiana para identificarnos con la entrega de Jesús y vivir su gran amor.

Saludo de un modo muy especial a los catequistas, niños y familias que en este año, en la Pascua, recibiréis a Jesús por primera vez.

Vivir con Jesús es la mejor parte que nadie nos podrá quitar a no ser que dejemos que nos la quiten. Es muy necesario seguir viviendo de la Iglesia, continuando la Iniciación cristiana para recibir el sacramento de la confirmación y vivir como verdaderos cristianos.

Juan José López Fabuel
Delegado episcopal de catequesis

RITOS INICIALES

Mientras el sacerdote entra en la iglesia, cantamos con alegría por participar en esta fiesta.

Sacerdote: En el nombre del Padre y del Hijo y del Espíritu Santo.
Todos: Amén.

El sacerdote nos saluda.
S: La gracia de nuestro Señor Jesucristo, el amor del Padre y la comunión del Espíritu Santo estén con todos vosotros.
T: Y con tu espíritu.

Acto penitencial

El Señor perdona nuestros pecados.

S: Hermanos, antes de celebrar los sagrados misterios, reconozcamos nuestros pecados.
T: Yo confieso, ante Dios Todopoderoso y ante vosotros, hermanos, que he pecado mucho de pensamiento, palabra, obra y omisión. Por mi culpa, por mi culpa, por mi gran culpa. Por eso ruego a santa María, siempre Virgen, a los ángeles, a los santos y a vosotros hermanos, que intercedáis por mí ante Dios, nuestro Señor.
S: Dios Todopoderoso tenga misericordia de nosotros, perdone nuestros pecados y nos lleve a la vida eterna.
T: Amén.

Invocaciones

S: Señor, ten piedad.

T: Señor, ten piedad.

S: Señor, ten piedad.

T: Señor, ten piedad.

S: Señor, ten piedad.

T: Señor, ten piedad.

Gloria

S: Oremos y demos gracias a Dios Padre.

T: Gloria a Dios en el cielo,
y en la tierra paz a los hombres
que ama el Señor.

Por tu inmensa gloria te alabamos,
te bendecimos, te adoramos,
te glorificamos, te damos gracias.

Señor Dios, Rey Celestial,
Dios Padre todopoderoso.

Señor Hijo único, Jesucristo.

Señor Dios, Cordero de Dios,
Hijo del Padre: tú que quitas
el pecado del mundo,
ten piedad de nosotros,

tú que quitas el pecado del mundo,
atiende nuestra súplica;
tú que estás sentado a la derecha
del Padre, ten piedad de nosotros.

Porque solo tú eres Santo, solo tú
Señor, solo tú Altísimo, Jesucristo,
con el Espíritu Santo en la gloria
de Dios Padre.

Amén.

LA LITURGIA DE LA PALABRA

Cuando queremos a alguien nos gusta escuchar lo que dice. La Biblia nos recuerda todo lo que Dios ha hecho por nosotros a través de los siglos. Por eso escuchamos atentamente las lecturas. Es Dios el que nos habla a nosotros hoy.

Saludo inicial

Es un pasaje del Antiguo Testamento, que es la parte de la Biblia que nos narra lo que Dios hizo y dijo antes de la venida de Jesús.

El lector termina diciendo: Palabra de Dios.

Y respondemos:
T: Te alabamos, Señor.

Segunda lectura

Es un pasaje de las cartas que los apóstoles escribieron a los primeros cristianos y, por lo tanto, también a nosotros.

El lector termina diciendo: Palabra de Dios.

Y respondemos:
T: Te alabamos, Señor.

Evangelio

Nos ponemos de pie para cantar el Aleluya y nos disponemos a escuchar el evangelio.

S: El Señor esté con vosotros.
T: Y con tu espíritu.

Después de la lectura del evangelio.

S: Palabra del Señor.
T: Gloria a ti, Señor Jesús.

Homilía

Nos sentamos para escuchar al sacerdote, que nos invita y anima a vivir según las enseñanzas de la Palabra de Dios.

Profesión de fe

Con todos los bautizados, expresamos nuestra fe: Es la fe de la Iglesia, es la fe de todos los cristianos.

Creo en Dios, Padre Todopoderoso, Creador del cielo y de la tierra.

Creo en Jesucristo, su único Hijo, nuestro Señor, que fue concebido por obra y gracia del Espíritu Santo, nació de santa María Virgen, padeció bajo el poder de Poncio Pilato, fue crucificado, muerto y sepultado, descendió a los infiernos, al tercer día resucitó de entre los muertos, subió a los cielos y está sentado a la derecha de Dios, Padre todopoderoso. Desde allí ha de venir a juzgar a vivos y muertos.

Creo en el Espíritu Santo, la santa Iglesia católica, la comunión de los santos, el perdón de los pecados, la resurrección de la carne y la vida eterna.

Amén.

Oración de los fieles

Pedimos por las necesidades de la Iglesia, de nuestra comunidad, de nuestro pueblo, y por las necesidades de todo el mundo.

A cada invocación respondemos:

T: Te rogamos, óyenos.

LA LITURGIA EUCARÍSTICA

Presentación de las ofrendas

Se llevan al altar el pan y el vino, que serán convertidos, por obra del Espíritu Santo, en el Cuerpo y la Sangre de Cristo. Se recogen también las ofrendas para los pobres y para las necesidades de la Iglesia.

S: Bendito seas, Señor, Dios del universo, por este pan... él será para nosotros pan de vida.

T: Bendito seas por siempre, Señor.

S: Bendito seas, Señor, Dios del universo, por este vino... él será para nosotros bebida de salvación.

T: Bendito seas por siempre, Señor.

Invitación a la oración

El sacerdote pide a Dios que acepte nuestros dones.

S: Orad, hermanos, para que este sacrificio, mío y vuestro, sea agradable a Dios, Padre Todopoderoso.

T: El Señor reciba de tus manos este sacrificio, para alabanza y gloria de su nombre, para nuestro bien y el de toda su santa Iglesia.

Plegaria eucarística

Oremos y demos gracias a Dios por todos sus dones.

S: El Señor esté con vosotros.

T: Y con tu espíritu.

S: Levantemos el corazón.

T: Lo tenemos levantado hacia el Señor.

S: Demos gracias al Señor, nuestro Dios.

T: Es justo y necesario.

S: Por ese amor tan grande queremos darte gracias y cantarte con los ángeles y los santos que te adoran en el cielo.

T: Santo. Santo, Santo es el Señor, Dios del Universo. Llenos están el cielo y la tierra de tu gloria.

Hosanna en el cielo. Bendito el que viene en nombre del Señor.

Hosanna en el cielo.

Después de la consagración.

S: Este es el sacramento de nuestra fe.

T: Anunciamos tu muerte, proclamamos tu resurrección. ¡Ven, Señor Jesús!.

S: Por Cristo, con él y en él...

T: Amén.

RITO DE COMUNIÓN

S: Nos atrevemos a decir.

T: Padre nuestro, que estás en el cielo, santificado sea tu nombre, venga a nosotros tu reino, hágase tu voluntad en la tierra como en el cielo. Danos hoy nuestro pan de cada día, perdona nuestras ofensas como también, nosotros perdonamos a los que nos ofenden, no nos dejes caer en la tentación, y líbranos del mal. Amén.

S: ...mientras esperamos la gloriosa venida de nuestro Salvador Jesucristo.

T: Tuyo es el reino, tuyo el poder y la gloria, por siempre, Señor.

S: Demos gracias al Señor, nuestro Dios.

T: Es justo y necesario.

Rito de la paz

S: La paz del Señor esté siempre con vosotros.

T: Y con tu espíritu.

S: Daos fraternalmente la paz..

Presentación de las ofrendas

T: Cordero de Dios que quitas el pecado del mundo, ten piedad de nosotros.

Cordero de Dios que quitas el pecado del mundo, ten piedad de nosotros.

Cordero de Dios que quitas el pecado del mundo, danos la paz.

Comunión

S: Este es el Cordero de Dios que quita el pecado del mundo. Dichosos los invitados a la cena del Señor.

T: Señor, no soy digno de que entres en mi casa, pero una palabra tuya bastará para sanarme.

RITO DE CONCLUSIÓN

S: El Señor esté con vosotros.

T: Y con tu espíritu.

S: La bendición de Dios Todopoderoso, Padre, Hijo y Espíritu Santo, descienda sobre vosotros.

T: Amén.

S: Podéis ir en paz.

T: Demos gracias a Dios.

La eucaristía ha terminado. El sacerdote nos envía, como a misioneros, a proclamar la buena noticia de que somos hijos de Dios. Con Jesús amamos a los demás, como Dios mismo nos ama.

LA EUCARISTÍA, VIDA CON CRISTO

Oramos juntos. Repetid conmigo:

Jesús, Hijo de Dios vivo... Jesús Salvador....
Señor mío y Dios mío... Tú lo sabes todo,
te quiero mucho... Que nunca me separe de ti...
Que siempre viva a tu lado... ¡Ven, Señor Jesús!...
Tú y yo Jesús siempre estaremos juntos...

Jesús hoy nos dice:

"Permaneced en mí, y yo en vosotros. Como
el sarmiento no puede dar fruto por sí, si no
permanece en la vid, así tampoco vosotros, si
no permanecéis en mí. Yo soy la vid, vosotros
los sarmientos; el que permanece en mí y yo
en él, ese da fruto abundante; porque sin mí
no podéis hacer nada." (Juan 15,4-5)

Nos preguntamos:

¿Qué palabras nos ha dicho Jesús?
¿Qué es una vid?
¿Dónde están colocados los sarmientos?
¿Qué significa tener vida?

Nos escuchamos:

¿Cómo nos da la vida Jesús?
¿Cómo la perdió y cómo la ganó?
¿Dónde vive Jesús ahora?
¿Cómo podemos recibir la vida de Jesús?
¿De qué vida hablamos? ¿Cómo nos la puede dar Jesús?

Escuchamos y meditamos juntos:

- Jesús ha muerto y ha resucitado y vive para siempre. Esta vida nunca se agota, siempre es nueva y viva.
- Jesús tiene la vida del Padre y del Espíritu Santo. Está resucitado a la derecha del Padre enviándonos siempre el Espíritu Santo.
- Jesús, en la eucaristía, nos ofrece la vida de fe, esperanza y amor. La acogemos en el corazón estando ante él en adoración.

De aquí surge el aprovechar todos los momentos importantes del día, o estar ante Jesús en la eucaristía con respeto y veneración, o buscarle en algún momento de la semana al sagrario... ¿A qué te comprometes?

EL SACRAMENTO DE LA PENITENCIA

Oramos juntos. Repetid conmigo:

Jesús, Hijo de Dios vivo, ten piedad de mí que soy un pobre pecador.

Jesús hoy nos dice:

"Os doy un mandamiento nuevo: que os améis unos a otros; como yo os he amado, amaos también unos a otros." (Juan 13,34)

Nos preguntamos:

¿Qué palabras nos ha dicho Jesús?
¿Qué es amor?
¿Hay amor en nuestro mundo?
¿Cuál es el modo de amarse unos a otros?

Nos escuchamos:

¿Cómo es el amor de Jesús? ¿Cómo te ama a ti Jesús?

¿Cuáles deben ser las acciones del amor de Jesús en nuestro día a día?

¿Cómo ama Jesús a los demás? ¿Cómo hemos de amar a los demás?

¿Qué sacramentos nos ayudan a vivir y cuidar el amor verdadero?

Escuchamos y meditamos juntos:

- El sacramento de la penitencia nos hace vivir del amor auténtico, por la misericordia de Dios sobre nosotros.
- El perdón de Dios ilumina, cura y rectifica nuestra conciencia.
- Cuando nos confesamos, el sacerdote es Jesús que perdona nuestros pecados.

De aquí surge el vivir desde el perdón, el hacer exámenes de conciencia cada noche y antes de confesarnos, el pedir a Jesús que vaya cambiando nuestro corazón, el hacer gestos de amor...
¿A qué te comprometes?

EXAMEN DE CONCIENCIA

Nos ponemos en la presencia de Dios:

En el nombre del Padre, del Hijo y del Espíritu Santo. Amén.

Jesús hoy nos dice:

"Lo primero es: «Escucha, Israel, el Señor, nuestro Dios, es el único Señor: amarás al Señor, tu Dios, con todo tu corazón, con toda tu alma, con toda tu mente, con todo tu ser. El segundo es este. Amarás a tu prójimo como a ti mismo. No hay mandamiento mayor que estos»". (Lucas 12,29)

Lo primero es escuchar:

Esto significa estar atento, darme cuenta de las cosas, no ser indiferente. El acto que vamos a realizar ahora es importante porque nos hace estar más despiertos. ¿Qué cosas debemos escuchar y estar atentos?

Amar a Dios

Amar al prójimo

Amarse a uno mismo

Amar a Dios

Esto hace que observemos:

¿Cómo es tu relación con Dios? ¿Confías en Dios Padre?

¿Hablas con Jesús continuamente y le tienes presente?

¿Le hablas al Espíritu Santo? ¿Cómo rezas?

¿Vas los domingos a misa? ¿Participas con atención en la misa?

¿Hablas de Dios a los que te rodean?

¿Hablas bien de Dios? ¿Juras o prometes?

¿Dices palabras feas en relación a Dios?

Esto hace que estemos atentos a:

¿Cómo es nuestra relación con los demás? ¿Hacemos caso de manera fácil a nuestros padres? ¿Les ayudamos en todo lo que podemos? ¿Les hablamos bien? ¿Les mostramos cariño?

¿En el colegio compartimos con los compañeros? ¿Cuidamos y respetamos a nuestros compañeros?

¿Cómo nos llevamos con nuestros hermanos?

¿Y con nuestros amigos?

Amar al prójimo

Amarse a uno mismo

¿Aprovechas bien el tiempo? ¿Haces en cada momento lo que tienes que hacer? ¿Tienes ordenada tu habitación? ¿Ayudas en casa? ¿Haces las tareas de clase o de casa a tiempo?

¿Comes todo lo que te ponen? ¿Te aseas bien? ¿Duermes el tiempo que tienes que dormir? ¿Haces deporte? ¿Cuándo eres perezoso? ¿Mientes?

LA EUCARISTÍA NOS REÚNE

Oramos juntos. Intercedemos unos por otros. Voy diciendo realidades y en silencio cada uno reza diciendo para dentro: "Por ellos".

Por la Iglesia... Por el papa... Por nuestros obispos... Por los sacerdotes... Por la paz... Por los niños pobres... Por los que están en hospitales... Por los que están lejos de sus casas... Por las familias...

Jesús hoy nos dice:

"Os digo, además, que si dos de vosotros se ponen de acuerdo en la tierra para pedir algo, se lo dará mi Padre que está en los cielos. Porque donde dos o tres están reunidos en mi nombre, allí estoy yo en medio de ellos." (Mateo 18,19-20)

Nos preguntamos:

¿Qué palabras nos ha dicho Jesús?
¿Qué es ponernos de acuerdo?
¿Qué cosas nos puede dar el Padre?
¿Por qué con dos que se han puesto de acuerdo Dios Padre concede cosas?
¿Por qué con dos o tres Jesús está en medio?

Nos escuchamos:

¿Cómo pedimos las cosas a nuestros padres?

¿Cómo tendríamos que pedírselas a Dios?

¿Cómo le gusta a Dios que se lo pidamos?

¿Cómo podemos ayudar a las personas sin estar delante de ellas?

¿Cómo actúa Jesús ante las personas?

Escuchamos y meditamos juntos:

- En la eucaristía rezamos unos por otros, especialmente en la oración colecta, cuando el sacerdote dice: "Oremos".

- En ese momento intercedemos unos por otros. Esto significa que rezamos por las intenciones y necesidades de otras personas.

- La oración por los demás nos hace unirnos entre nosotros. Para eso tenemos que saber pedir. Y estar atentos a las verdaderas necesidades e intenciones de las personas.

De aquí surge el tener interés por las personas, el preguntarles cómo están, el hablar con Jesús de los demás, el preocuparnos por nuestros familiares, compañeros de colegio, profesores, vecinos...

¿A qué te comprometes?

LOS BAUTIZADOS PARTICIPAMOS EN LA EUCARISTÍA

Oramos juntos. Repetid conmigo:

Gracias, Padre Dios, por la vida y todo lo que nos rodea.

Gracias, hermano y amigo Jesús, por el amor y la alegría.

Gracias, Espíritu Santo, por la Iglesia y mi familia.

Jesús vivió en su vida terrena:

"Fue bautizado; y, mientras oraba, se abrieron los cielos, bajó el Espíritu Santo sobre él con apariencia corporal semejante a una paloma y vino una voz del cielo: «Tú eres mi Hijo, el amado; en ti me complazco»." (Lucas 3,21-22)

Nos preguntamos:

¿Qué palabras nos ha dicho Jesús?

¿Qué hace Jesús?

¿Qué voz se oye?

¿De quién es Hijo Jesús?

¿Qué vive por ser Hijo?

¿Qué significa complacer?

Nos escuchamos:

¿Para qué es bautizado Jesús?

¿Para qué somos bautizados nosotros?

¿Qué significa que somos bautizados?

¿Cómo ha de ser la vida del que es bautizado?

¿Por qué es importante que el bautizado participe de la eucaristía?

Escuchamos y meditamos juntos:

- El bautizado es Hijo de Dios y participa de la vida de Dios Padre, Dios Hijo y Dios Espíritu Santo. Tiene la fuerza necesaria para amar, para hacer el bien.

- Los bautizados pertenecemos a la Iglesia. Es como un gran cuerpo. Cada uno tiene una función. Todos somos Jesús.

- El alimento del bautizado es la eucaristía. Es el sustento para que la vida de Dios permanezca. Por ello la confesión es necesaria para la comunión cuando nos separamos de Dios.

De aquí surge el vivir la vida de bautizado en toda su profundidad: amar a Dios, a los demás y a uno mismo. Conocer y querer más a los cristianos de nuestra parroquia o de nuestro pueblo.

¿A qué te comprometes?

EN LA EUCARISTÍA ESCUCHAMOS A DIOS

Oramos juntos. Repetid conmigo:

Jesús quiero hablarte...
Jesús quiero mirarte...
Jesús quiero escucharte...
¡Ven, Señor Jesús!

Jesús hoy nos dice:

"Salió el sembrador a sembrar. Al sembrar, una parte cayó al borde del camino... Otra parte cayó en terreno pedregoso... Otra cayó entre abrojos... Otra cayó en tierra buena y dio fruto: una, ciento; otra, sesenta; otra treinta. El que tenga oídos, que oiga" (Mateo 13,3-9)

Nos preguntamos:

¿Qué palabras nos ha dicho Jesús?
¿Dónde cae la semilla?
¿Qué significa cada terreno?
¿A qué se puede referir?
¿Cuál es la tierra buena?
¿Por qué el fruto en tierra buena es distinto?

Nos escuchamos:

¿Dónde nos habla Jesús?

¿Qué es la Palabra de Dios?

¿Qué cosas sabemos de lo que Jesús nos ha dicho?

¿Qué hace en nosotros la Palabra? Cuando escuchamos la Palabra de Dios en misa, ¿qué hemos de hacer? ¿Qué sucede?

Escuchamos y meditamos juntos:

- Jesús vive en el libro de la Palabra de Dios. La Biblia está compuesta de dos partes: el Antiguo Testamento y el Nuevo Testamento. Ahí se nos narra lo que Dios ha dicho y hecho con nosotros. El centro es el evangelio, que es Jesucristo.

- En la eucaristía tratamos de un modo especial con Jesús en su Palabra. Nos habla y nosotros le escuchamos. Estamos sentados y nos ponemos de pie para escuchar el evangelio. Es un momento de silencio y atención.

- La Palabra de Dios es para el cristiano orientación, consejo y mandato.

De aquí surge el cuidar nuestras palabras, que hablemos bien, que no gritemos, que no digamos palabras feas, que no insultemos. También la invitación a memorizar y conocer más palabras de Jesús en la Biblia.

¿A qué te comprometes?

EN LA EUCARISTÍA ESTAMOS CON JESÚS

Oramos juntos. Decimos juntos varias veces:

Señor mío y Dios mío.

Jesús hoy nos dice:

"A los ocho días, estaban otra vez dentro los discípulos y Tomás con ellos. Llegó Jesús, estando cerradas las pueras, se puso en medio y dijo: «Paz a vosotros». Luego dijo a Tomás: «Trae tu dedo, aquí tienes mis manos; trae tu mano y métela en mi costado; y no seas incrédulo, sino creyente». Contestó Tomás: «¡Señor mío y Dios mío!»" (Lucas 3,21-22)

Nos preguntamos:

¿Qué palabras nos ha dicho Jesús?
¿Qué dice y hace Jesús?
¿Qué dice y hace Tomás?
¿Por qué quiere Jesús que le toque las manos y el costado?

Nos escuchamos:

¿Por qué Jesús se pone en medio?

¿Qué significa "la paz esté con vosotros"?

¿Qué significa que las puertas están cerradas?

¿Qué significa la invitación que le hace Jesús a Tomás de que toque sus manos y su costado?

¿Qué significa "Señor mío y Dios mío"?

Escuchamos y meditamos juntos:

- Jesús se pone en medio de los apóstoles porque él es el centro de todo en la Iglesia.
- En la eucaristía las ofrendas y la plegaria nos hacen dialogar y tratar a Jesús como amigo, Señor y Dios.

- Ofrecemos lo que nos ha dado Jesús. Todo es gracia y no hay nada que tengamos de nuestra propiedad. Todo lo hemos recibido gratis.
- En la eucaristía estamos con Jesús en un continuo "Señor mío y Dios mío".

De aquí surge el estar disponibles entre nosotros, el vivir dando y ofreciendo lo mejor de nosotros, el no escatimar servicio y entrega. También el querer regalarle algún tiempo más a Jesús para estar con él en la oración o en la Iglesia.

¿A qué te comprometes?

Oramos juntos. Repetid conmigo:

Ven Jesús... que haces nuevas todas las cosas... que eres el camino... que nos conduce al Padre... ven y quédate con nosotros.

Jesús hoy nos dice:

"Id, pues, y haced discípulos a todos los pueblos, bautizándolos en el nombre del Padre y del Hijo y del Espíritu Santo; enseñándoles a guardar todo lo que os he mandado. Y sabed que yo estoy con vosotros todos los días, hasta el fin de los tiempos." (Mateo 28,19-20)

Nos preguntamos:

¿Qué palabras nos ha dicho Jesús?
¿Qué significa anunciar?
¿Qué significa enseñar y guardar?
¿Qué manda Jesús?
¿Qué es el fin de los tiempos?
¿Cómo está Jesús?

Nos escuchamos:

¿Cuál es el anuncio fundamental del cristiano?

¿Qué vivimos en cada eucaristía?

¿Cómo encontramos a Jesús en la eucaristía?

¿Cómo está muerto y resucitado Jesús en la eucaristía?

¿Le encontramos siempre a Jesús en la eucaristía?

Escuchamos y meditamos juntos:

- Jesús está realmente en la eucaristía. Cada eucaristía es el sacrificio incruento de Cristo. Aunque al resucitar permanece para siempre.
- La consagración es la transformación del pan en el cuerpo de Jesús y el vino en la sangre de Jesús.
- Jesús está realmente en su humanidad y divinidad en la eucaristía. Aunque sepa y huela a pan y vino, es Cristo.

De aquí surge el vivir nuestra vida con alegría y haciendo el bien por los demás, llenos de esperanza porque Jesús vive con nosotros, estando muy atentos en el momento de la consagración...

¿A qué te comprometes?

Oramos juntos. Repetid conmigo:

Jesús tú estás en medio de nosotros...
Tu amor llega hasta el extremo.... Que nunca
nos separemos de ti.... Antes morir que pecar....
Tú sabes todo, sabes que te amamos... Jesús,
puente y alianza con los hombres...

Jesús hoy nos dice:

"Uno de ellos, el que Jesús amaba, estaba
reclinado a la mesa en el seno de Jesús.
Simón Pedro le hizo señas para que
averiguase por quién lo decía. Entonces él,
apoyándose en el pecho de Jesús, le preguntó:
«Señor, ¿quién es?»" (Juan 13,23-25)

Nos preguntamos:

¿Qué palabras nos ha dicho Jesús?
¿En qué momento sucede esto?
¿Quién es al que Jesús amaba?
¿Por qué Simón Pedro hace señas?
¿Qué sentido tiene estar apoyado
al pecho de Jesús?
¿Qué sentido tiene la intimidad
y la amistad con Jesús?

Nos escuchamos:

¿Cómo han de ser los amigos para Jesús?
¿Cómo se puede quedar para siempre Jesús con los cristianos?
¿Qué significa vivir unidos a Jesús?
¿La comunión con Jesús también nos lleva a la comunión con los demás?
¿Cómo expresarías una vida de comunión con Jesús? ¿La comunión es solo recibirle?

Escuchamos y meditamos juntos:

- Comulgamos a Jesús como una expresión y realidad de aceptar a todo Jesús. Jesús en su persona y en su Iglesia.
- En la comunión nos unimos a toda la Iglesia de la tierra, del purgatorio y del cielo.
- La vida con Jesús es compartir sus sufrimientos y alegrías; entrar en sus sentimientos, en su interior; es ser uno con él.
- En la comunión se acentúa nuestra amistad, entrega y donación total a Jesús con los demás.

De aquí surge el que nos lleguen las preocupaciones de los demás, que queramos estar más cerca de Jesús, que hablemos más de Jesús, que todo lo hagamos por él y en él...

¿A qué te comprometes?

PARA ANTES DE LA MISA

Oración a la Virgen María

¡Oh, dulce Madre de Misericordia! Santísima Virgen María, confío con todo mi corazón y acudo a ti para que, así como estuviste junto a Jesús, también estés junto a mí en la eucaristía.

Así con tu ayuda, pueda ofrecer mis cosas unidas al pan y al vino para que se conviertan en un sacrificio de amor, agradable a Dios. Amén.

Oración a San José

¡Oh, bienaventurado José, a quien le fue concedido no solo ver y oír a Dios, a quien muchos reyes quisieron ver y no vieron, oír y no oyeron, sino también abrazarlo, besarlo, vestirlo y custodiarlo!

Ruega por nosotros para que, como tú, que trataste y llevaste en tus brazos con cariño a Jesús, hagas que le queramos con corazón limpio y con buenas obras. Amén.

CUANDO NO SE COMULGA EN LA MISA
Y PARA DECIRLA EN LA COMUNIÓN

Comunión espiritual

Yo quisiera, Señor, recibiros con aquella pureza, humildad y devoción con que os recibió vuestra Santísima Madre; con el espíritu y fervor de los santos. Amén.

Justo al comulgar

Puedes decir a Jesús al comulgar:

¡Gracias Jesús! por hacerte pan para darme vida eterna.

Dile lo que tú quieras.

También puedes decirle:
Señor mío y Dios mío.

DESPUÉS DE COMULGAR

Oraciones de acción de gracias

Señor Jesús, creo que estás en mí con tu
cuerpo, sangre, alma y divinidad. Y lo creo
más que si lo viese con mis propios ojos.
¡Oh, Jesús!, sé que estás dentro de mí,
y me uno a Santa María, a los ángeles
y a los santos para adorarte como mereces.

Te doy gracias, Jesús, de todo corazón, porque
has venido a mi alma. Virgen Santísima,
ángel de mi guarda, ángeles y santos del cielo,
dad por mí gracias a Dios.

Gracias, Jesús, por todo lo bueno que
he recibido de ti: la vida, la familia, la fe, los
sacramentos, tu propia Madre, Santa María.
Te doy gracias por ser cristiano por la gracia,
por la comunión.

En la santa hostia y en el cáliz estás
vivo, resucitado y eres Dios y hombre
de verdad. Aunque mis ojos no te vean,
creo, Señor, que es así y te adoro
y te amo.
Ahora puedo decir con alegría:
"Dios, estás conmigo y yo contigo".

Te hablaré ahora de personas que yo quiero mucho para que tú les des lo que necesiten. Sabes, Jesús, mejor que yo, lo que más conviene a cada uno. Te iré diciendo sus nombres... Es posible que haya alguna persona en el mundo en este momento que necesite que yo pida por ella: ¡Jesús, ayúdala! Amén.

Te hago una súplica muy especial.
Mira, Jesús, tu Iglesia y el mundo necesitan que todos nos esforcemos por ser santos y apóstoles.
Y se necesitan hombres y mujeres generosos que se entreguen a ti para sacar la Iglesia adelante.
Elige de entre nosotros a los que quieras.
Llámanos y danos la valentía y la generosidad para darte lo que nos pidas. Amén.

Jesús, amigo mío, ¡qué bien tenerte conmigo! Contigo todo es distinto. Quiero llegar ahora a tantas personas que no te tienen para que puedan recibir una ayuda especial tuya en este momento y les des lo que necesiten. Amén.

MAS ORACIONES PARA DESPUÉS DE COMULGAR

Alma de Cristo

Alma de Cristo, santifícame.
Cuerpo de Cristo, sálvame.
Sangre de Cristo, embriágame.
Agua del costado de Cristo, lávame.
Pasión de Cristo, confórtame.
¡Oh buen Jesús!, óyeme.
Dentro de tus llagas, escóndeme.
No permitas que me aparte de ti.
Del maligno enemigo, defiéndeme.
En la hora de mi muerte, llámame.
Y mándame ir a ti para que, con
tus santos, te alabe por los siglos
de los siglos. Amén.

Oración a San Miguel

Arcángel San Miguel,
defiéndenos en la lucha contra
la maldad y las tentaciones del
demonio.
Te suplicamos que Dios lo
mantenga sujeto bajo su poder;
y tú, príncipe del ejército
celestial, que posees el poder
de Dios, arroja al infierno a
Satanás y a los otros demonios,
que andan por el mundo
intentando perder a los
hombres. Amén.

Oración a la Virgen María

¡Oh María!, Virgen y Madre Santísima, he recibido a Jesús,
tu queridísimo Hijo, que llevaste dentro de ti, lo criaste,
lo alimentaste, y lo abrazaste amorosamente.
Al mismo que te llenaba de alegría, te lo ofrezco con amor
y humildad para que lo abraces, lo quieras con tu corazón y lo
ofrezcas a Dios Padre por mis necesidades y las de todo el mundo.
Te ruego, Santísima Madre, que me alcances el perdón de todos mis
pecados y gracia abundante para poder servir a Dios con alegría.
Por último te pido que pueda ir al cielo y allí encontrarme
con todas las personas a las que quiero.
Amén.

JESÚS ES NUESTRO TESORO

Saludo inicial

Viva Jesús sacramentado.
Viva y de todo sea amado.
Padrenuestro... Avemaría...
Gloria...

Comunión espiritual

Creo, Jesús mío, que estás en el santísimo sacramento del altar: te amo sobre todas las cosas y deseo recibirte dentro de mi alma. Ya que no puedo hacerlo ahora sacramentalmente, ven al menos espiritualmente a mi corazón. Como si ya te hubiese recibido, te abrazo y me uno todo a ti. No permitas, Señor, que vuelva a separarme de tu presencia.

Evangelio

Oramos juntos. Repetid conmigo:

"Simón Pedro dijo a Jesús: «Señor, ¿a quién vamos a acudir? Tú tienes Palabras de vida eterna, nosotros creemos y sabemos que tú eres el Santo de Dios»." (Juan 6,68-69).

Diálogo con Jesús

Eres importante para mí Jesús porque eres mi Dios y Señor. Me has creado por amor y me has salvado. No tengo que temer nada. Tú estás aquí mirándome. Contigo todo es más fácil.

A la Virgen María

"Recordad, Virgen María, que jamás se ha oído decir que haya sido de ti desamparado ninguno de cuantos se han acogido a tu socorro." (San Bernardo)

A San José

"Santo Patriarca, ya que de todo un Dios fuisteis tan puntualmente servido, yo también quiero consagrarme a tu servicio y mándame lo que te plazca." (San Alfonso)

JESÚS ES NUESTRO AMIGO

Saludo inicial

Viva Jesús sacramentado.
Viva y de todo sea amado.
Padrenuestro... Avemaría...
Gloria...

Comunión espiritual

Creo, Jesús mío, que estás en el santísimo sacramento del altar: te amo sobre todas las cosas y deseo recibirte dentro de mi alma. Ya que no puedo hacerlo ahora sacramentalmente, ven al menos espiritualmente a mi corazón. Como si ya te hubiese recibido, te abrazo y me uno todo a ti. No permitas, Señor, que vuelva a separarme de tu presencia.

Evangelio

Hoy Jesús te dice:

"Ya no os llamo siervos, porque el siervo no sabe lo que hace su señor: a vosotros os llamo amigos, porque todo lo que he oído a mi Padre os lo he dado a conocer." (Juan 15,15)

Diálogo con Jesús

Ser tu amigo Jesús es dejar que todo lo que eres y haces me lo vayas contagiando por amor en lo profundo de mi corazón.
Hazlo. Realízalo. Además tú lo haces siempre con dulzura.

A la Virgen María

Bendita sea tu pureza y eternamente lo sea, pues todo un Dios se recrea en tan graciosa belleza.
A ti celestial princesa, Virgen Sagrada María, te ofrezco alma, vida y corazón.

A San José

San José, haz que mi trato con Jesús sea cada vez más delicado, ya que tú tuviste un corazón puro y ofrecido.
Ayúdame a tener este trato exquisito con Jesús, amado de mi alma.

EN JESÚS ESTÁN TODOS LOS BIENES

Saludo inicial

Viva Jesús sacramentado.
Viva y de todo sea amado.
Padrenuestro... Avemaría...
Gloria...

Comunión espiritual

Creo, Jesús mío, que estás en el santísimo sacramento del altar: te amo sobre todas las cosas y deseo recibirte dentro de mi alma. Ya que no puedo hacerlo ahora sacramentalmente, ven al menos espiritualmente a mi corazón. Como si ya te hubiese recibido, te abrazo y me uno todo a ti. No permitas, Señor, que vuelva a separarme de tu presencia.

Evangelio

Hoy Jesús te dice:

"El Rey dirá a los de su derecha: «Venid benditos de mi Padre, heredad el Reino de Dios preparado para vosotros... porque cada vez que lo hicisteis con uno de estos mis hermanos más pequeños, conmigo lo hicisteis»." (Mateo 25,34.40)

Diálogo con Jesús

Jesús, tú eres mi único bien. Porque todo me lo has dado tú. Y por eso veo que la bendición que tú haces en mí es siempre una muestra de tu presencia. Tú me abres siempre el cielo.

A la Virgen María

Santa María, llena de gracia. No puedo dejar de expresar siempre un "gracias" porque tu Hijo es Bendito. Y tú me ayudas a que siga y ame al único que es el bien.

A San José

San José, vosotros vivisteis en Nazaret en un ambiente de bendición y de paz. Todo era muy fácil porque mirabas siempre a Jesús como luz. Haz que también yo le mire siempre.

JESÚS NOS PIDE EL CORAZÓN

Saludo inicial

Viva Jesús sacramentado.
Viva y de todo sea amado.
Padrenuestro... Avemaría...
Gloria...

Comunión espiritual

Creo, Jesús mío, que estás en el santísimo sacramento del altar: te amo sobre todas las cosas y deseo recibirte dentro de mi alma. Ya que no puedo hacerlo ahora sacramentalmente, ven al menos espiritualmente a mi corazón. Como si ya te hubiese recibido, te abrazo y me uno todo a ti. No permitas, Señor, que vuelva a separarme de tu presencia.

Evangelio

Hoy Jesús te dice:

"La mies es abundante y los obreros pocos, rogad, pues, al dueño de la mies que envíe obreros a su mies. ¡Poneos en camino!" (Lucas 10,2-3)

Diálogo con Jesús

Jesús, te miro en el sagrario y me haces desear darte lo mejor de mi vida.
Te doy mi corazón para que puedas amar en mí, en lo que en muchos hombres y mujeres no eres amado.

A la Virgen María

Madre bendita. En tu corazón de madre y esposa, Jesús ha amado hasta la saciedad porque todo en ti es inocencia, pequeñez, pureza. Ayúdame Madre a que tu Hijo ame en mí.

A San José

San José, tú entregaste tu vida y tu corazón a Jesús, al plan de Dios sobre ti y tu santa familia. Haz que todos con los que vivo puedan ser también protegidos y vivan en el amor de Jesús.

San Juan Bosco

Tuvo una hermosa niñez. Su madre le dio una profunda vida de fe, aunque fue dura porque su padre murió siendo muy niño. Desde muy niño descubre cómo Dios le habla por medio de sueños. Fue ordenado sacerdote en el año 1841 y desde entonces se dedicó a la educación de los niños y los jóvenes.

Es el fundador de la Sociedad de don Bosco, así como de las Hijas de María Auxiliadora junto a santa María Mazzarello, conocidos como salesianos y salesianas, dedicados a la educación de los jóvenes. Su amor a la Virgen es muy grande, especialmente a María Auxiliadora.

Uno de sus sueños fue:

"Vi a todos mis discípulos avanzando en procesión hacia el altar. Cantaban una canción a la Virgen, pero no todos del mismo modo. Unos cantaban con exactitud y muy afinados y con hermosa voz. Otros cantaban con voz ronca y desentonados y fuera de tiempo. Había algunos que estaban callados sin cantar. Y varios se salían de la procesión y se iban a otros sitios, y varios bostezaban aburridos y sin fervor. No faltaban quienes ponían zancadillas a los otros y se reían burlonamente".

Beato Ciriaco Sancha

Nació en Quintana del Pidio (Burgos) en el año 1833. Su familia era labradora. Recién ordenado sacerdote estuvo en Cuba. Luego como obispo estuvo en varios lugares hasta que llegó a Toledo como cardenal arzobispo.

En Toledo se tiene un recuerdo muy vivo, ya que era un hombre muy cercano y muy caritativo. Recorría las calles atendiendo a los pobres, repartiendo mantas en invierno. Atento a los débiles, especialmente a los niños. Murió en un frío invierno después de haberse enfriado al socorrer a personas necesitadas que estaban en situación de mucha dificultad.

El beato Sacha valora la figura de los sacerdotes, que presentan la oración a Dios y que ellos han de ser continuación del amor de Jesús para todos. Por eso, él decía:

"El sacerdote en el altar, en la oración, a la cabecera de un enfermo, en el confesonario, en la visita de los hospitales y de las cárceles, vale mucho".

Santa Teresa De Jesús

Nace en Ávila en 1515. Es la fundadora de las Carmelitas Descalzas. De pequeña quiere ir con su hermano a tierra de no cristianos para ser mártir. No tenía pensado ser monja, pero siente la llamada de Jesús y entra en el monasterio de la Encarnación de Ávila. Tiene una gran amistad con Jesús. Le pide que funde pequeños conventos con una vida intensa de oración y fraternidad

Ella es incansable, simpática, andariega, se gana a todo el mundo. Durante su vida fundó diecisiete conventos y escribió varios libros, que son una joya literaria y espiritual. Todo en Santa Teresa fue para ser la amiga fuerte de Dios y enseñar a los demás a ser amigos fuertes de Dios.

Cuando la santa iba de viaje y llegaba la hora de la oración, las monjas tocaban una campanilla y se hacía silencio; entonces, Santa Teresa proponía el rezo del padrenuestro. Terminado el tiempo de oración, la santa preguntaba a sus hermanas si habían terminado la oración. Ellas decían que sí. Y santa Teresa expresaba: "A mí solo me ha dado tiempo para expresar «Padre»". ¡Es tan consolador saber que Dios es nuestro Padre!

San Óscar Romero

Nació en el Salvador en 1917. Era un buen sacerdote y se daba cuenta de todas las injusticias que se cometían en su país. Cuando llegó a ser arzobispo comenzó a poner voz a las injusticias ya que siguió dando su vida por su pueblo. Sus homilías, retransmitidas en radio por todo el país, se convirtieron en una valiente denuncia contra el mal.

El 24 de marzo de 1980 fue asesinado al presidir la misa en la Capilla del Hospital de la Divina Misericordia. Murió un momento antes de la consagración. Él mismo se convirtió, en el altar de la eucaristía, en cuerpo entregado y sangre derramada.

San Óscar, antes de morir, dijo:

"Que este cuerpo ofrecido y esta sangre, sacrificada por los hombres, nos alienten a dar nuestro cuerpo al sufrimiento y al dolor: como Cristo, no para sí, sino para dar idea de justicia y de paz a nuestros pueblos".

EL AÑO AL RITMO DE LOS CRISTIANOS

El año cristiano está dividido en grandes momentos. El año de los cristianos se llama el año litúrgico. Sus cuatro momentos fuertes nos permiten revivir las grandes etapas de la vida de Jesús. El resto del año estamos en el tiempo ordinario.

ADVIENTO: Durante cuatro semanas, nosotros nos preparamos a la venida de Jesús. El primer domingo del Adviento marca el principio de un nuevo año litúrgico.

NAVIDAD: Entre la Navidad y la fiesta de la Epifanía, nosotros celebramos el nacimiento de Jesús.

CUARESMA: Durante cuarenta días, nosotros nos preparamos a la Fiesta de la Pascua.

PASCUA: Es el período entre la Pascua y Pentecostés. Durante cincuenta días nosotros celebramos la resurrección de Jesucristo.

LOS COLORES LITÚRGICOS

En la Iglesia los tiempos fuertes y algunas
fiestas son asociadas a un color particular.
Se encuentra en las vestiduras de los que
celebran, sobre el ambón y algunas veces en
el color de las flores que decoran el altar.
El blanco simboliza la santidad de Dios.
Se utiliza en las fiestas de Cristo como la
Pascua y la Navidad.

El rojo simboliza el fuego del Espíritu
Santo (Pentecostés) y la sangre (domingo
de Ramos y Viernes Santo).

El morado es el color del tiempo de la
oración, de la prueba y del perdón. Se
utiliza para el Adviento y la Cuaresma.

En el tiempo ordinario la Iglesia utiliza
el verde. Es el color de la perseverancia.
Es el signo de la vida y de la esperanza.

EL SACERDOTE CELEBRA LA EUCARISTÍA

Solo el sacerdote puede celebrar la misa, consagrar el pan y el vino para que se transformen en el cuerpo y la sangre de Jesús. Cuando nos juntamos para orar sin que un sacerdote esté presente, no se trata de una eucaristía.

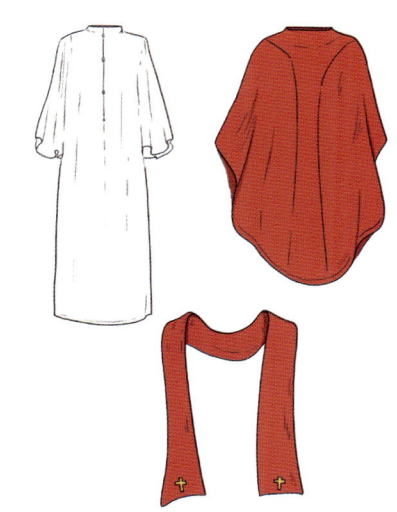

En la parroquia el sacerdote anuncia el evangelio y celebra los sacramentos.

Los fieles se juntan alrededor del sacerdote para celebrar la eucaristía. Este lleva un vestimenta blanca y larga que se llama alba. Encima lleva la estola y es cubierto con la casulla. Esta palabra viene del latín y significa "pequeña casa".

Según el tiempo litúrgico, la estola y la casulla son de color verde, morado, rojo o blanco.

¿Y el diácono?

A veces, el sacerdote es ayudado por un diácono para celebrar la misa. El diácono es consagrado al servicio de la Palabra: lee el evangelio.

Lleva un alba y una estola, pero la lleva cruzada en diagonal. El papel del diácono en la eucaristía es el de asistir al sacerdote. Puede celebrar los sacramentos del bautismo y del matrimonio.

LOS OBJETOS DE LA EUCARISTÍA

El cáliz
Es la copa que contiene el vino que llegará a ser la sangre de Jesús.

La patena
Es un platito donde se coloca la oblea grande de pan que llegará a ser el cuerpo de Jesús.

El copón
Es una copa cerrada donde se colocan las obleas pequeñas de pan que llegarán a ser el cuerpo de Jesús. Se guarda en el sagrario.

Las vinajeras
Son pequeños frascos que contienen el vino y el agua que el sacerdote vierte en el cáliz.

El incensario

Es un recipiente donde se depositan unos carbones que arden y, al echarles el incienso que está en la naveta, desprenden un humo perfumado que llega hasta el cielo.

El lavabo

Es la jarra con platillo que usa el sacerdote para lavarse las manos, significando que pide perdón por sus pecados antes de consagrar.

El sagrario

Sagrario viene de "sagrado". Es el lugar más santo del templo porque en él se guarda el santísimo sacramento, el cuerpo de Cristo.

¿TODO EL MUNDO PUEDE COMULGAR?

Para comulgar hace falta creer
que Jesús está presente en
la eucaristía, haber hecho su
primera comunión y haber
pedido perdón a Dios.

Este perdón lo pedimos siempre
al principio de la misa.

Se puede también recibir el
sacramento de la reconciliación,
solo, ante un sacerdote.

El sacerdote o la persona que da
la comunión no pueden conocer
la situación de cada persona.

Cada uno ha de ser sincero
con él mismo y saber si puede

acoger la vida de Jesús en él. Pero todo el mundo puede dirigirse hacia
el sacerdote después de la comunión para recibir una bendición
de parte de Dios.

FIJAD EN JESÚS VUESTRA MIRADA

Queridos niños: He tenido la alegría de encontrarme con muchos de vosotros, durante mi primera visita pastoral en nuestra querida diócesis de Coria-Cáceres. A casi todos os he regalado y dedicado un libro mío para que viváis el día de vuestra primera comunión como uno de los momento más felices de vuestra vida. Recibir por primera vez a Jesús es una alegría que debe durar siempre. ¡Ojalá Jesús sea siempre el mejor amigo en vuestra vida!

Quiero felicitar a vuestra parroquia y a vuestros catequistas por el entusiasmo que ponen en la misión de transmitir la fe. También felicito a vuestros padres y familia; debéis amarlos mucho y contribuir, con vuestra colaboración, a formar una familia unida y feliz. Ellos os han transmitido los dos valores más hermosos que tenéis: la vida y la fe en Jesús.

Ya está cerca el día soñado. Jesús está llamando a las puertas de vuestro corazón. Fijad en él vuestra mirada, él es el mejor regalo de todos los que vais a recibir ese día. Aprended a disfrutar rezando, comulgando los domingos, siendo amigos de todos y compartiendo todo con ellos».

Como otros años, os invito a colaborar en el Proyecto SáBIÈ, que está realizando Francisco González, sacerdote misionero de nuestra diócesis, en Mozambique. Se trata de un plan sanitario para niños y niñas cuyas madres son seropositivas, una enfermedad bastante extendida allí.

¡Qué maravilla poder convertir el día de la primera comunión en una jornada solidaria!, transformando el corazón en un precioso trampolín de amor, para compartir con vuestros ahorros, en la medida de vuestras posibilidades: medicinas y atención a otros niños y niñas, que son hermanos nuestros.

Jesús es el Camino que utilizó el buen Padre Dios para llegar a nuestra vida. Él nos ha enseñado a descubrir en los demás el rostro de Dios, y a vivir en comunión con todos. Por eso, una bonita misión es la de formar, todos juntos, una cadena de amor, que nos convierta en portadores de felicidad para otros niños del mundo. ¡Enhorabuena!

Con mi afecto,

+ Francisco Cerro Chaves
Obispo de Coria-Cáceres

JESÚS, EL MÁS GRANDE Y BUEN AMIGO

Queridos niños:

Gracias por vuestras innumerables cartas y, especialmente, por las respuestas que dais a mis preguntas, tan acertadas y bellas. Sois la alegría y esperanza de la Iglesia. Se acerca el día hermoso de vuestra primera comunión.

Entre todos los regalos que vais a recibir, el más grande y más valioso es la eucaristía. El Hijo de Dios, en persona, viene a nuestro encuentro porque nos ama y quiere estar siempre entre nosotros.

¡Qué bonito es tener amigos! Con ellos jugamos, estudiamos y reímos.

Jesús es el más grande y bueno de los amigos. Entregó su vida por todos en la cruz. Lo recibimos, cada vez que queremos, en la eucaristía y además nos ofrece la felicidad para siempre en el cielo. ¡Nadie nos regala tanto como él!

En la eucaristía entramos en comunión con Dios y en comunión con los demás. Los amigos de Jesús disfrutamos practicando el verbo compartir. Si Jesús nos ofrece mucho amor y felicidad, nosotros debemos colaborar en la misión de hacer felices a los demás, especialmente a los que carecen de lo más elemental para vivir.

Por eso, como en año anteriores os invito a construir el "puente de la fraternidad" con un centro de niños discapacitados, en una barriada pobre de Portoviejo, Ecuador. Allí está entregada a ellos la misionera hermana Juana Galán, natural de Montánchez.

El papa Francisco, hace unos días, invitaba a los niños a participar, todos los domingos en la misa, porque es el día de la resurrección del Señor. Decía: "Con la eucaristía pertenecemos a la Iglesia, al Pueblo de Dios, al Cuerpo de Dios, a Jesucristo".

Somos una familia universal, sin fronteras, que resplandece con brillo especial, cuando comparte con alegría.

Enhorabuena por recibir a Jesús. Gracias también por vuestra generosidad, que contribuirá a la felicidad de otros niños. Que la alegría del amor de Dios llene vuestro corazón, el de vuestra familia y el de todos los niños del mundo.

Os bendice vuestro amigo,

+ Francisco Cerro Chaves
Obispo de Coria-Cáceres

CONSTRUIR EL PUENTE DE LA FRATERNIDAD

Queridos niños: Desde pequeño me encantaban las historias de héroes y santos. Entre ellos siempre destacaba la persona de Jesús por su forma de amar y hacer feliz a la gente. A través de esas historias aprendí los grandes valores que han orientado mi vida. Hoy, en vísperas de vuestra primera comunión, quiero hablaros de una misionera, natural de Arroyomolinos, que vive en Perú.

Su vida es preciosa. Lleva cerca de 50 años en las misiones; la mayor parte de ellos los pasó en la selva de Perú, en el departamento de San Lorenzo. En una parroquia de 46.000 km^2 en la que habitan ocho tribus distintas. No tiene estómago, se lo tuvieron que extirpar a causa de un tumor. Después de unos años tuvieron que hacerle una mastectomía. Tiene hongos en los pulmones, causados por los murciélagos de las cuevas. Bajaba a buscar unos pajaritos, muy nutritivos para los indígenas y le afectó a los pulmones. Padece, además, problemas cardíacos…, su cuerpo es un esqueleto revestido de piel.

Actualmente vive en un suburbio de Lima; desde allí nos cuenta la tragedia que han sufrido, hace dos meses, en aquel país a causa de las fuertes lluvias:

"La situación que estamos viviendo en estos momentos es muy fuerte… las imágenes que les llegan son impactantes, pero la realidad lo es mucho más: muchas vidas perdidas, miles de casas destruidas… Son los más pobres los que se llevan la peor parte (más de cien mil desplazados y más de medio millón de personas afectadas). A nosotras nos toca unirnos al dolor de los hermanos, acompañarles en lo posible y compartir con ellos lo que tenemos: comida, ropa y cercanía. Esperemos que los países se hagan presentes y aporten ayuda para reparar todo cuanto se ha perdido y la vida pueda seguir hacia delante. Hace falta también reconstruir puentes y carreteras. Los productos no pueden llegar a Lima y a las ciudades de la costa, con lo que los agricultores pierden todo y las ciudades comienzan a sentir carencias y subida de precio de muchos productos".

En medio de esos tremendos problemas se desenvuelve la vida de la hermana María. Ni la enfermedad ni los años le impiden seguir el ejemplo de Jesús, acompañando a los pobres en su desgracia.

Cuando somos solidarios estamos poniendo los cimientos de un mundo nuevo. Y, al mismo tiempo, estamos inundando de alegría el corazón. Sé que sois muy generosos. Por eso, invito a todos los niños de primera comunión a construir el Puente de la Fraternidad, compartiendo vuestros ahorros con la misión de la hermana María Donoso: ¡Frente a las riadas de muerte, queremos impulsar un torrente de vida!

Vuestro amigo.

+ Francisco Cerro Chaves
Obispo de Coria-Cáceres

DIOS TE HA ELEGIDO PARA SER TESTIGO SUYO

Queridos niños y niñas de primera comunión:

Ya se acerca ese día tan especial para el que lleváis tres años de preparación en vuestras catequesis, con la ayuda siempre necesaria de catequistas y sacerdotes, y con la ayuda de vuestros padres, que, al fin y al cabo, son vuestros primeros catequistas. Sé que son muchas cosas las que habéis aprendido en este recorrido de fe. Habéis conocido más a Jesús, a través de sesiones de catequesis, a través de actos, convivencias y celebraciones que os han acercado al evangelio de Jesús.

Jesús es el mejor ejemplo a imitar, por eso el papa Francisco te invita, también con mucho amor, a que leas los evangelios, y a que tú, que vas a comulgar por primera vez, invites a tus padres, a tus hermanos, a tu familia y a tus amigos a leerlos; solo de esta acción, sacarás hermosas enseñanzas que te servirán a lo largo de la vida. Pero debes saber, que este día, el día de tu primera comunión, es el día de tu encuentro vivo con Jesús, donde él y tú seréis uno. Él se hará pequeño para entrar en tu corazón. Este es el comienzo de un largo y apasionante recorrido juntos.

¡Qué suerte tienes! Dios te ha elegido para ser testigo suyo. A partir de ahora, cuenta contigo para el bien. Cuenta contigo para que tu corazón de niño, tu corazón de niña, sepa ver a Jesús entre los más necesitados, entre los más pobres, entre los enfermos, entre los refugiados e inmigrantes. Todos ellos necesitan de tu sencillez y espontaneidad, todos necesitan encontrarse con corazones limpios como el tuyo.

El día de tu primera comunión será un día especial, sí, pero no solo por el traje especial, la fiesta especial, los regalos y la compañía de los que bien te quieren. El día de tu comunión también es un día para compartir, por eso te invito a que compartas con los que nada tienen, alguno de tus regalos. Ese gesto tuyo de generosidad irá dirigido a niños que atiende, en Camerún, la misionera de Villa del Campo, Ascensión Pizarro Jiménez. También ellos rezarán por ti.

Al hacer la primera comunión te conviertes en ese misionero de paz que sella su corazón al amor de Jesús Eucaristía en un acto de valentía y entrega incondicional.

A partir de ahora, Jesús te esperará cada domingo con los brazos abiertos, te sonreirá complaciente al ver que te acercas al altar para estar con él a lo largo de los años que dure tu vida. La Virgen, al verte, también sonreirá feliz.

Recibe mi felicitación y mi bendición.

+ Francisco Cerro Chaves
Obispo de Coria-Cáceres

SED NIÑOS, SED PALABRA, SED EVANGELIZADORES

Queridos niños:

Es una gran alegría dirigirme a cada uno de vosotros. ¡Sois el gozo de nuestra archidiócesis y del obispo! ¡Sois para Jesús lo más precioso!

Quería deciros cosas muy importantes para que crezcáis como Jesús en sabiduría, estatura y gracia ante Dios y los hombres:

Sed niños:

La infancia no acabará por la edad, sino que continúa por el amor. El ser niños es seguir viviendo de la bendición de Jesús que vuelve a realizar siempre vida abundante.

Sed Palabra:

Vosotros tenéis una palabra siempre viva, queremos ver a Jesús. Esta expresión es tan hermosa que no puede ser acallada, porque hasta las piedras gritarán. Gracias por saber escuchar. Así es como el papa Francisco en su mensaje para la I Jornada Mundial de los niños os ha dicho.

Sed evangelizadores:

Vuestra misión es hacer que Jesús sea conocido y amado. Jesús os necesita para que vuestros padres, hermanos, amigos, compañeros del colegio participen del amor de Jesús. Habladles de Jesús. Lo necesitan.

Doy gracias a Dios por cada uno de vosotros y con vosotros quiero seguir a Jesús con todo el corazón y nunca separarme de él.

Rezo a la Madre de Dios y Madre nuestra por cada uno de vosotros y por todas vuestras familias. Rezad por la paz.

Con mi bendición, oración y afecto.

+ Francisco Cerro Chaves
Arzobispo de Toledo. Primado de España

"YO ESTOY CON VOSOTROS"

Queridos niños de primera comunión y queridas familias:

En las pasadas semanas no hemos podido tener en las parroquias la celebración gozosa de vuestra primera comunión, como cada año. Las consecuencias de la pandemia que estamos sufriendo han impedido celebrar esta gran fiesta cristiana, tal y como Jesús y vosotros os lo merecéis. Pero no debemos estar tristes y desanimados porque Jesús, nuestro amigo que está resucitado, continuamente nos dice "Yo estoy con vosotros". Él desea que seamos felices, que vuestras familias también lo sean, y que cada día sigáis preparando un poco más vuestro corazón, que es el mejor lugar donde poder recibirle. A partir de ahora, cuando estéis preparados y los sacerdotes vean conveniente, comenzarán a realizarse las celebraciones.

Queridos niños: todos tenemos que seguir rezando para superar la pandemia. Ya sabéis que ahora las reuniones con familiares y amigos son diferentes, para no contagiarnos unos a otros. No podemos juntarnos muchas personas, tenemos que guardar distancia, etc... Pero lo importante es que cada uno pueda recibir por primera vez el perdón en el sacramento de la penitencia y al Señor en la eucaristía. Por eso os pido que sigáis en contacto con vuestros sacerdotes y catequistas y, sobre todo, deseéis mucho que Jesús Sacramentado venga pronto; que cada día recéis pidiéndole esta gracia; que lo hagáis con vuestros padres y vuestros hermanos; que cuando veáis al Señor en la cruz o en una estampa que tengáis en la habitación, le digáis: "¡Ven, Señor Jesús! ¡Ven pronto a mi corazón!" Cuanto más deseamos algo, más intensamente lo vivimos.

Ahora me dirijo a vosotros, queridos padres y madres: el tiempo de pandemia que estamos sufriendo no debe enfriar el amor y la ilusión que habéis puesto al preparar la primera comunión de vuestros hijos. Toda esta situación ha puesto de manifiesto una realidad muy sencilla y consoladora: que vuestra familia es Iglesia doméstica y que, a pesar de no poder ir durante unas semanas a las celebraciones en la parroquia o en el templo, la fe permanece viva y crece en el seno de vuestros hogares. Vosotros sois los primeros educadores de la fe de vuestros hijos, como de otras tantas cosas. El Señor os ha regalado los hijos para que les deis vida en todos los sentidos: les deis de comer, los vistáis, los eduquéis, los llevéis al colegio y los hagáis crecer en la fe que un día recibieron como una pequeña semilla en el sacramento del bautismo.

En estos días tan especiales estáis teniendo la oportunidad de poner en primer lugar la fe con la que habéis querido formar vuestra familia, está siendo un tiempo propicio para hablar con Dios y hacerlo con vuestros hijos. El papa Francisco nos ha dicho que "el espacio vital de una familia se podía transformar en iglesia doméstica, en sede de la eucaristía, de la presencia de Cristo sentado a la misma mesa... Así se delinea una casa que lleva en su interior la presencia de Dios, la oración común y, por tanto, la bendición del Señor" (AL 15). Yo solo puedo agradecéroslo en nombre de la Iglesia diocesana y como Obispo vuestro; al tiempo que también reconozco la fuerza que tiene una fe comprometida y familiar, de la que vosotros sois la cuna y el hogar.

Ánimo, queridos niños y niñas. Ánimo, queridos padres y familias. El Señor quiere llegar a vuestros corazones y a vuestros hogares. Seguid intensificando el deseo de recibirlo.

Os doy un fuerte abrazo y mi bendición.

+ Francisco Cerro Chaves
Arzobispo de Toledo. Primado de España

ORACIONES

Oración a nuestra Madre

Madre de Dios
y Madre nuestra,
gracias por darnos la vida,
que es Jesús,
el camino de la vida verdadera.
Cuida, Madre,
a todos tus hijos más necesitados
y que los que sufren,
y todos los niños del mundo,
encuentren en un corazón materno,
la alegría de vivir. Amén.

Oración a Jesús

Jesús, amigo que nunca falla,
en este día de mi primera comunión,
te doy gracias por entrar en mi alma,
y ayúdame siempre en el camino de la vida.
Te pedimos por la paz,
por los misioneros,
por nuestros padres,
por los catequistas,
por las vocaciones.
Gracias, Padre, por darnos a Jesús.
Amén.

Índice